I0387239

www.ingramcontent.com/pod-product-compliance
Lightning Source LLC
Chambersburg PA
CBHW021439080526
44588CB00009B/593
* 9 7 8 1 9 1 4 9 4 0 0 0 2 *

به ژیلا

از روزهای رفته
و
لحظه های مانده

دفتر دوم
گرد آورد سروده های بلند

تجلی کشاورز

چاپ اول: ژوئن ۲۰۲۱ (خرداد ۱۴۰۰)
کلیه حقوق برای نویسنده محفوظ است. ©

First Edition: June 2021
Tajalli Keshavarz
tajalli.keshavarz@gmail.com

ISBN: 978-1-914940-00-2

طراحی و چاپ: انتشارات پژواک پارسه (لندن) ۲۰۲۱
Persian Echo

فهرست

صفحه

پیشگفتار	۴

شعر

پوست و خاکستر	۸
خورشید و ناهید	۲۶
سکوت خاک... صدای منحنی	۴۴
سکوت گیاه... پروازِ منحنی	۶۶
نیلوفر و سنبل	۸۸
اشراق پوشپری	۱۰۸
خورشیدِ ماه نما	۱۳۰
خورشیدِ و خاکستر، آتش و خاک	۱۴۶

****

پانوشت ها	۱۶۲

پیشگفتار

گفتمان ای دیگر با خواننده ای دیگراندیش

دفتر دوم از سروده های بلند من در برابر توست. این بار بدنبال دفتر یکم، چکامه ها تا سال ۱۳۸۶ را به پیش آورده ام و منظور همچنانکه بود، ارتباطی است که در لحظاتِ بعبارتی تنها و بعبارتی گسترده و از خود بیخود با حروف، با کلمات، با ترکیب کلمات، و از طریق کلمات دست میدهد انگار که وارد فضا ای میشوی که تشکّلِ حروفِ عرضه شده و جذابیتِ آن فضا تو را بر آن دارد که بخواهی که بدانی و در فضای دانستن با هم نظران همراه شوی و سیْر ای دیگرگونه آغاز کنی.

و از سیْر گفتم که آن خود مفهومی است از زیست. و زیستن با این سروده ها، سیر کردن ای است در فضای لغزندهٔ بی ثباتِ متغیر. پس شورش ای است بر آنچه در طول قرون با کلامهای متقن بر ما مکرر خوانده اند که جاودانگی در یکسان بودن است. فرامین ای که هر لحظه در خود ویرانند اما ما بی سؤال با آنها زیسته ایم، خو کرده ایم و در رخوتِ تیرهٔ تسلیمِ بعبارتی اِعمالی، در خود خوابیده ایم. و این سروده ها، نسیم بیداری اند در اشراقِ سؤالها برای تو. که تو در خود دلیریِ رهائی از اوامرِ متحجر و رویاروئی با فضا ای متفاوت را یافته ای.

آنچه در این جُنگ میبینی تضاد هاست هم از دیدگاهِ احساسی - فلسفی و هم از نظرگاهِ پندار و نوشتار. میگوئی تضاد؟ که این لغت را گوئی ابرازی از اکراه، دشمنی و ناسازگاری میدانند. اما شاید بدانی که زمینهٔ خلقت و اساسِ زیست، بر تضاد برقرار است و در این روال، چکامه های این جُنگ، پژواکهای پدیده ها ای است که بر جستجوگرِ ورای تصویرهای مکررِ عادتی، پدیدار میشود .

آنچه این جُنگ در ذهن تو شاید به تصویر میکشد نوستالژی دورانِ حماسی خاکمان است با آنچه اکنون در برابر ماست. از شکوهِ پارسه تا پاره پاره شدن اش در سوختن و ساخته شده های ملموس سالهای اخیر و در هم ریختن شان و آشفتگی ای که زخمِ حماسی مان را در جراحاتِ نزدیک ممتد کرده است. حقیقتِ ستونهای سوخته، نگاه در نگاهِ حقیقتِ دلهای فرو ریخته. و کدام حقیقت؟ و اینکه حقیقت چیست؟ و تاریخ کدام است. آنگاه که حوادثِ هر لحظۀ روبرویمان را متفاوت و دیگرگون از زبانهای مختلف و از منابع موثق! چندین و چند گانه میشنویم و میبینیم، پس کدام حقیقت در روایتهای تاریخی قرنهای رفته؟ "هر کس حکایتی به تصور چرا کنند".

پس ما رویاروئیم با هوشمندی خود که ورای خطوطِ نوشته و گفتارهای متقن میرود، ورای ریزشِ مدام تلقیناتِ خود آگاه و نیمه - خود آگاه. و اینجاست که در دنیای چندین و چند حقیقت و حقیقت گونه، انگار فضای پروازِ درونیِ پندارمان راهی است معتبر که ما را به جوهر خود میکشاند علیرغم آنچه در اطرافمان در قالب حقیقت ها و اقداماتِ "خیرخواهانه" میگذرد.

و این فضای درونیِ متغیر خارج از چهارچوب کلامهای بظاهر تثبیت شدۀ تاریخ و فرمایشاتِ محکم فریبکارانه، فضای شعر است که رها، در هیچ جعبه ای جا نمیگیرد "هیچ آدابی و ترتیبی مجوی، هر چه میخواهد دل تنگت بگوی"
و این جُنگ چنین است. از فضای پارسه به دنیای خاک میرود و در این گستردۀ رها از زمان، پرنده ای است که پیوستگی و ادامۀ چکامه هاست و همچنان الهام گر پرواز میکند و ترا از خاک به خود میکشد و در فضای بی خود ای تصویرهای منتزع گاه برایت روشن میشوند و گاه مبهم میگذرند. اما در گذرشان اثری برجاست برای تو که میخواهی. انگار که خونت سرخیِ دیگر ای یافته از التهابی عاشقانه، شیفتۀ این خاکِ زیبای زخم خورده، آن پارسۀ سوخته، آن پیر مغان با آوای چنگ و آنکس که مفهومِ شاهیدگی بود و جاودان در رنگارنگی اش هر بار جلوه ای نو دارد. گهگاه در آشکال، چون "در خرقۀ زنگار" ، و دگر آگاهان برون از آشکال، که در خون من و تو میچرخد و در خیال میگنجد و نمیگنجد.

پس بازهم به تضاد میرسیم. از جسم به تجّسم و از حقیقتِ ملموس به خیالِ واقع. شاعر با خیال زیست میکند و خیال با شاعر. گام به گام. و بر این همنشینیِ ساری انگار که خورشیدِ نظاره گر پرواز میکند که سایه در جسم گم میشود و خیال در شاعر. و شاعر سیراب از مفاهیم منتزع، دیوانه وار، باشد که دیوانه، خیالهایش را به جریانِ کلام میکشد که شاهد ای با آن به پرواز میرود و خواننده ای آنرا خوابی آشفته میخواند.

و در این پرواز ها باهم به دیدار برخی "شب روان بادیهٔ کعبهٔ دل" میرویم تا پلک° زد ای از تجلیاتِ یارانِ سیال بیابیم و در آن ابرازات همباز شویم.

و در باب چگونگی کلامِ این دفتر، و دفترهای دیگرم، گویم که بسیاری اندیشمندان، افشرهٔ ایرانی را در شعر مردمان این سرزمین دانسته اند که در خونمان جاری است. گوئی این ابراز ورای اوراق میرود "بشوی اوراق اگر همدرس مائی" و اما در سیرِ بی اجتنابِ تغییر و نیاز به گونه گونی، در عصر اخیر بخصوص تحرکات شاعرانه عمدتاً بر شکستن قالبهای آنچه شعر کهن اش خوانده اند قرار گرفته است. که گفت "سخن نو آر که نو را حلاوتی است دگر". اما این نو آوری خود در وسواس چگونگی قالب نو آنچنان به بند افتاد که قدری اساس کار به فراموشی افتاد. آنجا که رهائی از قافیه خود گره ای شد که قافیه از دست برفت و آنچه گوهر چکامهٔ فارسی بود در ضخامت جامهٔ نو بافته گم شد.

پس اکنون وقت آنست که جانِ دیگر ای بدمیم به تنِ فرسوده و تصاویر سهل پسندانه و تعابیر سطح نشستهٔ قالب بر صحنهٔ بسیاری از اشعار کنونی مان. که نو آوری نه تنها در قالب دلپسند آید، بلکه در مفهوم نیز شاید. که گذاری نو لازم است به اندیشمندی همه جانبه ای. آنجا که از منطق مشائی به پریشانی کوانتائی نیز بپردازیم و تارهای سترگ قرارداده ها را در تابشِ دیگر اندیشی به لرزش درآوریم.
و این جنبشی جانانه خواهد در نوشتن و در خواندن.

"این ره، آن زاد راه و آن منزل　　　مرد راهی اگر بیا و بیار
ورنه ای مرد راه چون دگران　　　یار میگوی و پشت سر می خار"

تجلی کشاورز

پوست و خاکستر

۱۳۷۸
۱۹۹۹ میلادی/۲۵۵۸ ایران

در مقابلِ آتش
پوستم
لایه میریزد
خاک
سنگین است
و خونم
در غلظتِ ترکیبش
در مسیرهای مطمئن
سنگ میشود

صدای بالِ پرنده ای
صبحِ مخدوشم را
بیدار میکند
وباز
ضربهٔ منست
در کوچه های
ناظر
تا
دشتهای
بیهوشی

تارهایت
شبم را
میسازند
و در آتش°
خوابهایم°
بوحشتِ
بیداری
باز میشوند

با یادِ آتش°
خاک
در حزنِ من
میطپد

من
قلبم را
به خاک
و
خار
میکِشَم

و پلکهایم
با
خاکستر
همخون اند

من
تصویرم را
در آبهای قائم
دیده ام
و
لایه های
آب
از انعکاسِ
مضطربم
آتش گرفته اند

من
در انگارِ
راه رفته ام
که ناگهان
آشکالِ منظم
از من
گریخت

سقوط
آسان بود
در آشکالِ
سرگیجهٔ
شبانه.
مسیرِ پاهایم
سوگِ
کوچه های
آشناست

استواریِ
ستونهای
ایستاده ام
از دلایلِ خلقت
خالی شده است
و سکوت
وحشت ای است
در
شورشِ
سراسیمه.

تنهائی ام
در
مرزهای شهر
غلیظ میشود
رگهایم
از
تکرارِ
سِرّ
حزن
پوسیده اند
و
شهرِ
افسوس
خونم را
به دیوارها
ریخته است

نگاهِ من
از پوستم
هربار
میگریزد
در
تعلیقِ
شهرِ
افسوس
و
افقهای
خاموش.

بغضِ من
در ضربهٔ دیوارها
راسب
میشود

بادِ
آتش
در
بید
خونِ مرا
خاکستر
کرده است
افق
از
فریادِ من
سرخ است

شکوفه ها
آتش اند
و پوستت
خیالِ
آتش
دارد

گناهِ آتش
از
من است
آتش
خود را
میسوزد
و من
آب میشوم

امتدادِ
هر شب
آتش است
و
امتدادِ من
ضربهٔ
تحقیر

گذرِ من
در شهر
آشناست
تمامِ شهر
ضربه ای است
تمامِ شب
خیانتِ
زیستن

هر خانه
آه می‌کشّد
و در حزنم
آتش
بر خود
می‌پیچد
ببین
این سرو
خم شده است
در یادِ
بید.

سالهای
انگار
و
نگاهِ
ایستاده
بر بلندیِ
دستهای
آمر
ناگهان
انگارِ من
بر من
یاغی است
و
تمامِ
لایه هایم
در آتش
و
شراب
عریان میشود
انسجامِ
پوست
در
شورشِ
خون!

من
خطوطِ زیستم
از
ابعاد
خالی است
و
برآتش
خنجر کشیده ام
آشکالِ
بودنم
از باور
بار نمیگیرند
هر بار
بیدی
در آتش است

خون من
آتش
و
خیال
میسازد
و
هر بار
در انگار
گم میشود
و
در حزن
پیدا
تمامِ
لحظه های شکوفه
لحظه های
باد
بود

مردمکهایت
در باد
بسته اند

انحنای شعله
از رقصِ
محزونِ
بید
جوان است
در باد.
بر آتش
خنجر میکِشَم
و
من را
به لحظه های
قضاوتِ
تیغ
میبَرَم

خونِ من
سیاه است
و دستهایم را
در گِل
مخفی میکنم
در وحشت.
حرفهای من
در شقیقه هایم
طپشَ
اندوهِ
بی خواب است
و
خوابِ
بیدار
از وحشتِ
یادها

در وحشتِ
بیداری
بغضِ من
شب میسازد

تمامِ من
شُبهه ای است
از من
و
رفتنم
شُبهه ای است.
هر کلامِ من
یأس
میسازد
و
انگشتانِ
مهربان ام
ضربه های
تحقیرند

من مانده ام
که آتش را
در آینۀ
باد
به آتش
بِکِشَم

خون من
از خود
فرار میکند
اما
مسیرِ رگهایم
در شهر
بسته است

در نگاهِ شهر
افسوس است
و بهتِ من
هربار
در قضاوت
خاموش میشود

انگارِ
روزهای
پوستِ حاضر
و
شبهای
بوی
پوست!

حرفِ من
در مسیرهای
شبانه
با آشکالِ
سیال است
که در خیالهایم
جامد میشوند
شاهدانِ
هنگامهٔ
حریق!

تنهائیِ من
شب را
جاودان کرده است
هماغوشِ
کوچه های
خالی

قلبم را
به خطوطِ کلام
سپرده ام
و خونم
در مسیرهای
کیهانی
گرد
میپاشد
و
در خاک
بوی
نارنج

در خستگیِ خیال
خوابِ من
در باد
به شقایق
رسیده است

در خیالِ شقایق
خونِ منست
که ناگهان
خورشید
در سَحَر
بیدار
میشود

با نگاهِ من
ساقهٔ علفی
وحشی است
و
باد را
حریق
میکند

شراب
از انگارهای من
گیج است
و خونش را
در سَحَر
به افق
میریزد

ابعادِ من
از اعتبارِ
سنگ
به ابهامِ
بوهایِ
ناشناس
در فصولِ
جاری
رسیده اند

و لحظه را
از زمان
خالی میکنند.

در فصولِ
معلق
پوستِ من
در هوای باد نشین
جوانه میکند
و
هراس ای
از هجومِ یخ
ندارد
در خونِ گلبرگ
من
از آتش
و
آب
گذشته ام

و تصویرِ من
اکنون
در خونِ گلبرگها
میچرخد
و گیاهان
تکه های مرا
در باد
دشت
به
دشت
میبَرَند

من
لبخندِ
پرنده ای را
دیده ام
که
پوستِ
خیالهای
من بود
وبا منقارش
قلبم را
به
خاطراتِ
دیوانگان
سپرده بود

شبهای من
پُر است.

خطوطِ
موهای
خیال
و
کلامِ
بافته
در آتش
پوستم را
التیام داده اند
و داستانم
برای
دیوانگان
تدبیرِ
دیوانگی است

پلکهای تو
یاس است
و پوستت
طعمِ گیلاس
میدهد

شرم
از نگاهت
میگریزد
و اطاقم
از تو
شعر میگیرد.
این بهار
گلها را
به بویِ حیاطم
دعوت کرده است

در دستِ من
گیاهان
باز میشوند
و شب را
تخمیر
میکنند

شب
از تو
شراب است
حیاطِ نارنج
اما
در سَحَر
ناگهان
بویِ
خاکستر
میدهد

سبز
و
خاکستری
خاطره هایم
در آتش
نشسته اند

این
بوی یاس
در موهایت
خونم را
مینوازد

بوی بهار
در
حیاطِ نارنج
مرا
به خونم
میخواند
بوهای
یاد
بر پوستم
سنگین است
اما
در شقایقِ
دیوارهای
کاهگلی
اضطراب ای
نمانده است
که
با خونم
در باد
میریزند

باد
گلبرگهای
شکوفه را
رَنگ میزند
این سَحَر
با یادِ من
زود
بیرون آمده است
و تمامِ
بوهای
بهارانه
از عشقِ من
باد میسازند

دشت
و این گیاه
مرا
دیده اند

با یادِ
شرابِ
سالها
در خونِ دشت
بخواب
میروم
نورِ
شکوفه ها
پوستِ
پیرم را
به پروازِ
تارهای
بهار
میخواند

سَحَر
بوی
تازه
دارد
و
خونِ پیرم
از اولین شعاع
روشن میشود

و
آتش°
خود را
دیده است

برای حافظ

قدرِ مجموعهٔ گل مرغِ سَحَر داند و بس
حافظ این گوهرِ منظوم که از طبع انگیخت
زاثرِ تربیتِ آصفِ ثانی دانست

خورشید و ناهید

۱۳۸۰
۲۰۰۱ میلادی/۲۵۶۰ ایرانی

پیشاهنگِ داستان

در سایهٔ
ستونِ
عریان
خوابیده ام
عصارهٔ
حماسه های
زنگاری
خوابهای
خسته ام را
رنگین کرده است
با طپش ای
نیلی
حزنِ دارا
بیدارم میکند

دشت
در سکوتش
ناظرِ
خونِ
منست
و باد
ساکن
میشود

خونم
قصه ای
شنیده است
که

آب را
به تمّنای
چشمه
ویران میکند
و
گیاه را
بجستجوی پرواز
میخوانَد:
با خونِ
باد نشینان
حرف میزنی
لحظه هایت
در باد
خون!
که خاکستر را
به خاطراتِ
کودکی اش
می سپُرَد

دشت
در سَحَر
باز میشود
قلب من
اما
فشرده است
در باد
از خوابهایم
میگریزم
باد
در گوشم
زمزمه ای دارد
که خوابم را
بیدار میکند:
دارا!

ترّنمِ
دامنهای
گلگون
در دشتِ
شقایق!
دارا!
من
از تو
جاری ام
در شکستِ
قرون!
ابر در شاخه های
منتظر
حرفی داشت
و من
گذشتم

سربازِ
نام شُسته ای
نگاهم کرد
با ابروانِ
خواهش
و نگاهش
خونم بود
نِشَسته
با
خیال
برگ ای
مرا
صدا کرد
و من
سنگ ای را
به پوستم
فشردم

در لحظهٔ
سنگ
و
پوست
جداره ها
خونی است
نگاه من
سنگ را
میتراشد
و سنگ
به خونم
خنجر
میکشد
ضربه های
این بهار
از حزن من
ترّنمِ
حماسه
میسازد
من
در پرستشِ سنگ
خون ام!
و مِهرِ مرا

فقط
آتش
می شناسد.
بر گردونه های
مِهر انگیزِ
خیالت
از آتش
آب
میسازم
که پوستم را
سنگ کُنَد
و همراه تو
خاک
میشوم
من
در چرخشِ
سنبل
حلقهٔ
آتشم
و
در انحنای
سنبل
شعله!

خورشید و ناهید

برف
در بهار
صدای پرنده
در برف
صدای زنگوله
از
پاهای دور.
پنجره ام
با سَحَر
بیدار است
با برف
خاموش.
صدای
پاهای
افتاده
برف را
بیدار میکند

نگاهم
با
زنگوله
ساکت است
در شانه های
ارته باذ
سایهٔ
روزهای
آخر
سنگ شده است
ارته باذ!
داستانت
کجاست؟

چشمهایش
در سنگ
ساکن اند
قطره های
دشتِ
سوگوار
سنگ را
میشکند

وسعتِ
حزنِ
بی نام
کلام را
شرمسار
کرده است

زنگوله
از حقارتِ
پیمانهای
خون
میگوید
ارته باذ!
دارایَت
نا امید است
میدانم
من
بازماندۀ
ساکتِ
خونم
با من
سایه
بینداز

من
در سنگ
نشسته ام
"سایۀ سنگ"
بی حرف است
اما
باچشمانِ
رفته
به پنجره ام
رسیده است

خیمه
خاموش است
در کنارِ
درفش
ایستاده
صدای خونم
مرا
خوانده است
مِهرِ
تاریک!
خورشید!

"وقتِ رفتن است
پوستِ من
مرا
دفع میکند
دیگر
جایِ
جوانه
نیست
خاک
تنگ است"
خیالِ
بسوس
از
اندیشۀ
دارا
خالی است

و
پیمانِ خون
حرفِ
کودکی است
و
بسوس در سفینه های
باد
از یادهای
دور
خالی است

مهر
روشن بود
و رود
گرامی
وقتیکه
قطره های
خون
کودکانه
بر آب
ریخت

اکنون
زمانِ
مردانِ
بی پرچم است
و
بالهای
شاهین
در خیمهٔ
خاموشِ
بی افق.
دارا
سپید
پوشیده است
ارغوان
ارغوان!
وحشتِ
دستهای
من
در خیمه
میچرخد

شالِ ارغوان
بزیرِ درفش
تسلیم است
گوش کن!
دارا
رمزِ نیاکان را
باز
میخوانَد
با چشمانِ
جوانِ
سالدیده:
"گشتاسب
گشتاسب
گشتاسب
نیایشِ من
با عصارهٔ تست

شکست من
اینسان
خنجری است
که میدانم!
جای
رفتن است
که مرا
پیمانِ خون
نفی کرده است
و
دشمن
مردانه است
و آشنا
خائن"

اشک من
در خیمه
میچرخد
و دارا
خمیده
صورت
بر درفش
مینهد

نیازِ من
بر شانهٔ دارا
سنگین است:
برخیز!
برخیز!
اما
حزنِ
پیمانهای
واژگون
سؤالِ
خورشید است
که
تاریک
بر درفش
میگرید:
"خونِ جوان
از خاکِ پارس
گذشت

من
مانده ام
که مُهرِ
خیانت را
با مِهر
بپذیرم.

دارا!
این خورشید
سنگین است
در خیمه اش
خاموش
انتظارِ
ناهید
میکِشَد"

قلبِ من
پیر
در خیمه
میطپد
دارا
مانده است
که
قطره های
کودکانه را
با قطره های
تزویر
حزنِ
جاوید
کند.
خورشید
در انتظارِ
رازهای
نور
ناهید را
میخوانَد.

من
بازماندهٔ
نژادِ
حزن ام
در تالارهای
نور
و
آتش
میرقصم
و
در تنفسِ
هوای
بیگانه.

دلقکِ
قصه های
گیج
کدام
آوارهٔ
خیال

مرا
میشناسد؟
به پوستم
دست مکش
که آتشِ
خون
از مرزِ
بینش
گذشته است
و
داستانِ
نیاکانم
تدبیرِ
تن را
خون
کرده است
مفتونِ
تضادِ
دوستی
و
دشمن

شاهانه
با خنجر
خون میشوم
مرشئون
حاضر است
و
خنجر
آسان!
پشتِ دارا
بمن
میخندد
با
خون
که
بر سفید
نشت میکند
آرام
آرام

بشّوش
یادت هست؟
قطره هامان
در رود؟
یادت هست؟

نگاهِ دارا
در درفش
می خوابد
اما
قلبِ من
سرگشتهٔ قرون
در
خیمه
ساکت است
دستانم را
بر خون
میکشم

بر
نگاهِ دارا
که
بر بالِ
شاهین
مینشیند

درفشِ خونین
یادگارِ
خورشید است
به
ناهید
که در این شب
دیر
میرسد:
"خورشید!
تو
مرا
کشته ای
در
هر سَحَرا
با من
بگو

من
رمزِ
آسمان را
جُسته ام
تا
با تو
بنشینم
دارا!
با من
که جستارِ
مِهرام
در
"نفیِ من"
قلبِ من
ناظرِ
باد نشین است
قلبِ مرا
تنها
افسانه ها
میبینند
که اینطور
سرگشته
میطپد

ببین!
ناهید
ارابه را
رها کرده است
تمام شب
در اندوهِ
خورشید
آب میشود
من
خورشید
و
ناهید را
در لحظۀ کلامِ
ساکت
دیده ام

و
مانده ام
اینسان
که برایت بگویم
هر غروب
خون دارا
به رودِ
یادهای
جوان
میریزد
و در طلوع
صدای
ناهید
ریزشِ
رود است

شرابی
بریز
ای
حماسه نِشَستۀ
جوان!

در این بهار
خون
پیرِ
من
با
یادهای
خونین
جوان است
و
در جستجوی
حماسه ای
جاری است
که
رودی بسازد
با ترنمِ
خونِ
خورشید
و
خاک!

سکوت خاک...

صدای منحنی

۱۳۸۱
۲۰۰۲ میلادی/۲۵۶۱ ایرانی

با نگاهِ
منبسط
از خواب
بیرون ریخته ام
پشتِ چشمانم
از گردشِ
کرات
و انهدامِ
منظومه ها
پُر است
در بیرون
صدای سُم های
اسبِ تنها
که
بی سوار
میرود
مِه را
غلیظ کرده است

دستهایم را
به پلکهایم
می کِشَم
پوستم
با پوستهٔ خاک
آمیخته
و از من
بوی گیاهانِ علفی
میآید
با طرحی
از تمّنا
یارانِ سیالم را
به جشنِ
فلسفهٔ
خون و خیال
درحصارِسنگی
میخوانم

یارانِ
منحنی ام
از قلبِ
خاک
با ترّنمِ
پریشانی
آمده اند
در محفلِ
حصارِ
شبانه
پرنده ای
میخوانَد
و دیرین
ترانه ای
از خاک
برمیخیزد

در حصارِ سنگی ام
تمامِ قصه
خاکْ پوشیده
و با نگاهِ تو
به خونِ گیاه
میریزد
که زیستم را
ویران کند
تمامِ قصه
با ضربهٔ
بالهایت
منحنی های
مشتاقِ
حماسه را
به چرخش
در آورده است

پرندۀ خاک!
پروازِ تو
منظومه را
خاکی
کرده است
و جشنِ
سبزِ
مغانه را
سرخ!
پرندۀ
خون!
منقار تو
سرخ است
از عصارۀ
خدنگِ
اشراق
بر خود!
با تو
میگویم
که باد
و ستاره های دور را
در جشنِ دامانت
سپید

به
رودِ پیچان
ریخته ای
و رود
از قصه ات
طغیان
کرده است

منحنیِ شبانه
با
پروازِ
آسانش
حصارم را
خاک میکند:
خاک
ای خاک
یادت هست
بر شاخسارِ
درختِ
سیل دیده

با شبِ تو
صبح شدم؟
و انتظارِ
شبِ
کشیده را
صدائی
شکست؟
من
پرنده ام
گذرا
و اشتیاقم
ویرانگرِ
قلعه های
امنِ
خوبی و
عفاف!
من
در سکوتِ لاله
بوی
سنبل
شنیده ام

و در برگِ
کودکانهٔ
چنار
عطرِ
گلِ
نخود!
در جشنِ
مغانهٔ
عشاقِ
منحنی
حضورم
رشدِ
جوانهٔ
لرزان است
با یادِ
آتش
و
نور

با چرخشی
از
گل

با ترکیبِ
بوهای
خیال
و
واقعه
اشکالِ حماسی
فضای ذهنم را
باردار
میکنند
منحنی های
آتش
با جامهای
شراب
از خاکِ دوست
آمده اند
خاکِ
در من
نشسته
در هر طپشِ
منحنی
صدائی
میجوشد:

"خاکِ من!
من
در تو بود
که
آن صبحِ آشفته
خوابهای دیوانه ام را
خط کشیدم
وقتی که
شکوفه برگهای
گیلاس
هوایت را
رنگ میزد
یادت هست؟"

یارانِ منحنی ام
یادهای
خاکی شان را
به حصارِ شبانه
آورده اند
با دستهای
آتش!

من
در تو بود
که
سوختم
وقتیکه
خانه ام
ازشعله های
فرامینِ
منطق
خاک شد
من
در تو بود
که
سوختم
وقتیکه
باغِ درختانِ
رسیده
با دستهای من
خاک شد!

خاک!
خاکِ غمگینِ من
یادت هست
وقتی که
گردنه های تنگ ات را
در تابستان
با پرنده ای
پا زدم
تا
در تو
خون و
خاکستر و
آب
شوم؟
خاک!
خاکِ عاشق
یادت هست
که ماه به دست
از پشتِ
درختانِ
انبوه ات
دیوانه ای را
از قلعهٔ بیداد
به دوش کشیدم؟

خاکِ عاشق!
من
دانه های گیلاس را
به آبهای تو
ریختم!
خاک!
ای خاکِ آتش
من
در تو بود
که
ریختم
من
در تو
آب شدم
خاک
ای خاک!
من
آوازِ تو را
ترانهٔ
نوروز
کرده ام
و صدای
نفسهایت را
به بوی سنبل
سپردم!

من
شعله های
قلبت را
به قلبِ
یارانِ
سالهای
طویل
با ساقه های
نیلوفر
پیوند زدم.
خاک
ای خاک!
من
سبزه زارانت را
در خون های
خاکستر نشین
به جوانه
کشیدم

خاک
ای خاک!
من
با شاهِ
دلهای
پرتمنا
در زمین های
دوُر ات
از نزدیک
راز
عشق
پراکندم.

خاک
در جشنِ منحنی ام
پروانه وار
میچرخد
و مسیرش
در هیچ خیالِ افسرده ای
تشکل
نمیگیرد

باده بیاور
ای دوستِ
آتش دست
آتش بریز
ای حضورِ
مستانه
من
با جوانه ها
شادم
و با باد
از آغوشِ سنگ
به آغوشِ
پرواز
میروم

بطنِ خاک
در صداهای
طویلِ
حماسی
میلرزد
و
خون
میسازد
قلبِ خاک
با حضورِ
سیالِ
ابعادِ
دیوانه
پریشان میشود
و
در بهارِ
این حصارِ
بی دروازه
جوانه
میسازد

پلکهایم را
به ریشه های
گیاهانِ
تنومند
بسته ام
و نگاهم
به عمقِ
چرخندۀ
ساکت
میرود
خونِ من
با
خونِ
خارج از قرون
گرم است
و
دوّار
بینندۀ خیال
در حصارِ سنگ
نشسته ام
خیالِ خاک
از گیاهانِ
رفته
و شاخه های
سوخته
پُر است

با وزشِ
بادهای
منظومه
میچرخد
گوش بدستِ
باد
پوستم را
به پذیرشِ ارکانِ
خاک
میسپرم
و پرنده ای
میخوانَد
در پشتِ
صخره های
حصارم
در حلقۀ
نِشَست
حرف از
عصارۀ
خاک است

یارانِ
حماسی ام
در منحنی های
آتش
جام
میکشند
با یاد
خاک
در
خاک
و
از شکافهای
صخره
بوی
سنبل
میریزد
ابرازِ
کلامِ
حماسه
هوا را
شفاف
کرده است

در این شبِ
کشیده
به آغاز
گیسوانت
همراهِ
منست
و
تماسِ پوستت
رمزی
از شب
میگوید:
"خاکِ
مجنون!
پریشانیِ
چرخش ات را
در معادلاتِ
ابعاد
تدبیر کرده اند
من
صخره هایت را
در آغوش کشیدم
و بطنِ
چرخش ات
با لرزشِ برگ
باران ریخت

خاکِ عاشق!
خونِ
یارانِ
منحنی ام را
به قلبت
ریخته ای
التهابِ
کوهسارانِ
آشفته ات
از حماسۀ
سرگشته ای است
که هر بار
نام ترا
در نام ای
باز میخواند!

"خاکِ شوریده
در وسوسهٔ
شاخساران ات
پرنده
پر
میپاشد
رَنگِ
غروبِ
رفته
از
پوشپرهای
اوست
در
افقِ
بیدار"

منحنیِ صورتش
باد را
راهی کرده است
که حرفِ خاک را
به گیاه
و ابر
و
ترانه
بگوید

من
در خاک
غلطیده ام
در هر
چرخشِ من
خونِ خاک
داستانی را
به قلبم
واریز
کرده است
من
از سلالهٔ
مغان
آتشکده های
سوخته ام

و خونم
آتشی
به جام
میزند

طپشِ
خون من
از خاکسترِ
آتشکدهٔ
یارِ
دیرین است

گوش کن!
دشت
از صدائی
پر است
که
بوی سنبل دارد
و
رنگِ
ارغوان!

پوستِ خاک
به انگشتهایم
میپیچد
و
از خونم
میگذَرَد
نگاهِ
خاک
با من
تشکلِ
تمنای
طپش است
پوست من
اما
در ابهامِ
اثیری اش
در آبهای
نیازمند
خشک میشود

خاک
در کنار من
خوابیده است
از عمقِ
نفسهایش
صدای
ریشه ها
میآید
دستم را
به موهایش
کشیده ام
در خواب
نفسهایش
با عمقِ
حماسی
طپش میکنند
تمام شب را
گوش داده ام
پلکهایش
در باد
با سَحَر
باز میشوند

دستم را
به خیالِ
برگها
میکشم
که
از خاک
روشن اند

آشاوهیشتا!
به سبزه زار
میآیم
به دیدارِ
شاخه های جوان
از خاکِ
پیر
و
دانه های
بیدار شدهٔ
مشتاق

من
صخره ها را
به آغوش
برده ام
و خاک را
در مشت های
داستان دیده ام
میفشارم
"در شهوتِ خاک
تسلیمِ
منست
و در ابرازِ
تمنایم
پروازِ
یک حرفِ
کشیدهٔ
منحنی"

در بزمِ
شب آویخته
گیسوانش
خواهشِ
جوانه هاست
و
رشدِ
پوشپر

بیدار
از خوابهای
خاکی ام
خاکسترانه
جشن منحنی
ساخته ام
در حصارِ
صخره های
همنشین!

در قصر غروب
سایه ها
سرد میشوند
در دعوتِ
خیالهای منحنی ام
درهای کشیده را
میبندم

قصر
خالی است
و بیرون
از شکافهای
تیر
دشت
با غروب
میرود

در این
حصارِ صخره
شب را
به خونم
خوانده ام
شعله
در آستین.
خطوطِ
حماسی
از حریرهای
صخره
میگذرند

اما خاک
بر خود
شوریده است
با انهدامِ
ابرها
باد میشود
خاکِ محزون!
ستاره هایت
کجاست؟
و
گیاهانِ طویل ات
که رازِ قرنها را
به رودها
میسپردند؟

در بیابانهای
گسترده
کمان بر دوش
میرود
نگاهش
از رنگ گلها
و طراوتِ
شاخسارْ
پُر.

در یادِ
دستهایش
که پیامِ دوستی
در پیالهٔ شیر
ریخته بود
خاکِ محزون
باد
میشود

در آغوشِ
صخرهٔ
عریان
خورشید را
می شمرم
در نوازشِ
خاک

انگشتانم
خاکستری است
و در شب
گم میشود
گوش کن!
صدای خاک
شب را
سیاه کرده است
تا با تو
رمزی بگوید
خاکِ
مضطرب
از ضربه های
خود
مجروح است

خاکِ خسته!
مِه
نگاهت را
از گیاه
می پوشد
سالهای رفته ات
حُزنِ
همراهِ
منست
من
در آبهایت
- آشفته -
گیسوانِ
خاک نشین ای را
دیدم
که با تو
می پیوست

من
شعله های
قلبت را
در آتشکده های
فرو ریخته
دیده ام
و نوشته های
بر خاک را.
زخمِ
صخره ها
از داستانهای
بی قراری است
ریزشِ گلبرگ
از
بویِ خاک

خاکِ
خاطره های
خاموش!

من
در حصارِ
خوابناکم
در خاکستر
پیچیده ام
سَحَر
میرسد
و بوی تو
التهابِ
نسیم است
که
با خطوطِ
منحنی
افشان
میشود

نگاه میکنم
سَحَر
بالِ پرنده را
رَنگ میزند
و دوست
شعله در دست
میرود
تا
انحنای
دشت

من
با خاک
و
خورشید
و
خاکستر
هم بسترم

سکوت گیاه.... پروازِ منحنی

۱۳۸۲
۲۰۰۳ میلادی/۲۵۶۲ ایرانی

باران
حزنِ شب را
به خاک
میریزد
بر شاخسار
نشسته ای
و صدای آب
آوندهای مجذوب را
پرواز میدهد
پَرهایت
پروازِ
درختانِ
سالدیده است
که ساقه های علفی را
در شاخه های خشک
آرام
تجربه میکنند
حضورت
گردبادِ
ساکت ای است
و صدایت
طوفانهای سرگشته را
رام میکند

پیچیده در خاک ات
به رمزِ جنگل
پیوسته ام
که مرا
در ریشه ام
ویران میکند
و عریان
با تو
جوانه میزنم.
حضورت را
گیاهان
زیست میکنند
و
پوستِ
مدهوشِ من
که خونم را
شبانه
عریان
می کند.

در سحرگاهانِ
دیوانه
نیم خواب
به سرزمینهای غریب
پرواز میکنم

این بهار
بوی سَحَر
میدهد
و
علف.
در عطشِ خونم
یک شهاب
جهیده است
که قلبم را
باردار میکند
ازداستانِ
خوابیده در باد

مکث میکنم
پرنده
بال اش را
بر پوستم
کشیده است
و روزم
در خود
ذوب میشود

تبخیرِ شب
شروعِ
خوابهای بیداری است
که روزم را
در منحنیهای پیچیده
جاری میکند
باد
اشارهٔ
نگاهِ
منست.
من
با تو زیسته ام
در برگ
و خونم
در بادِ پوشپرهایت
سبز است

شب
در دهلیزهای
گیسوانت
گم شده است
و تاریخِ بودنم
از
هیچ
تا
ابدیتی سرگردان
از تو
مفهوم است

رود
از کنارِ برگ
میگذرد
نگاهِ من
در آب است
برگهای آب
نسیم ای
در گوشم
میخوانند
ساکت!

نور
رمزِ
باد را
به شاخه ها
رسانده است.

در گرمیِ
ساقه های
علفی
نفس میکِشَم
وجشنِ شاخه ها
از نگاهِ من
گرم است

کلبه های
زیرِ صخره
از صدای تو
ایستاده اند
و در تعبیرِ
گیسوانِ
گیاهی ات
پرواز میکنند.

کوچِ
ساکنان
دهسار
از آشوبِ
گامهای تست
که خرامیدنِ
پرنده های
رفته در خیال
و
ریزشِ
اقرارِ
منطق
را
آسان میکند.

با پرنده
راه میروم
در خیالِ
پرواز.
پاهای کوچک
نیازِ پرواز است
و شاخسارِ بلند
باد را
صدای من کرده است
نگاه میکنم
پوشپر ای
در شاخه
پیچیده است.

بارِ دیگر
جنگلِ کوچک
وسیع میشود
اما
درختانِ آشنا
در خود
سکوت
میریزند
تا
خاموشی
و من
تنها
عصارۀ
پریشانِ
یادهایم
و باد
از یادهایم
پریشان است
که برگهای
آغشته در بهار را
بفصولِ عریان
میکِشَد.

من
در بازیهای
کودکی ام
با خونِ تنهائی
شورش کرده ام
حضورِ لحظه های منطق ویرانم
نمیکند.

این جنگل
پوست مرا
دیده است
وتماسِ پوستم
خاک را
از جوانه های منتزع
بارور
کرده است
که گامهای وحشی را
به شورش میکِشند
هربار
در قصه های قرنهای
صبور!

این جنگل
مرا
دیده است
وقتیکه
انگشتانم را
در بطنِ درخت
بردم
و با خونِ
گیاه
و تنفسِ
اسبهای
وحشی
تبخیر شدم

من
با پوشپر ای
از خون
کلامِ سیال
ساخته ام
که
ازقرونِ
خطوطِ
مقطع
با
ترنم ای
به لحظه
فرومیریزد.
من
از عصاره های
شورش
و
ضربه های خون
گذشته ام
وقتیکه
خون وحشی
به آرزوهایم
نگریست
من
ساکت بودم.

چند قرون
در لحظهٔ
ریختنِ
پلک
میگنجد؟
اطاقِ مبهوت
و
دیوارهای سپید
تنها
با اشکالِ
پیچیدهٔ
صداهایمان
خواهد ماند
و این دشت
دیگر
از قدمهای منحنی ام
خالی
میشود.

آخرین قدمهایم
پائیزِ
جنگل است
و شورزارِ
دشت
در
آفتاب
که ساکت
بر خاکِ
قصهٔ کوچکم
میبارد.
در سکوتِ
خورشید
و
جنگل
و
خاک
سکوتِ من
ریزشِ
دو خون است
در خود

یک پرواز°
نِشَسته
یک پرواز
در گذر.

من
اکنون
بیانِ
اشکالِ
سیال ام
که در خیال
و
یادهای
پیچیده در خون
رشد کرده است
و ازتقاطعِ
سنگ
با پوست
به انحنای
برگ
با کوهسار
رسیده ام
و خانه ام
پرنده وار است
در افق.

در کوه
با خورشید
آمیخته ام
و
در ریزش ام
بخاک
در این صبح
شبنم آگین
لبخندِ کودکی ام
در تبسمِ
لحظۀ
تسلیم
صخره را به رود
جاری میکند.
من
رنگِ پوشپرهای
معلق در باد
و
کششِ حزنِ تو ام
در نگاهت
به برگهای
نیم خشکِ
پائیز.

من
در بهار
با خورشید
میخروشم
درانفجارِ
سحرگاهانت
و
خاک را
هر بار
میخراشم
با انگشتهایم
که
قصه های دیوانه
از حروفِ
گیاه و پرواز
میپراکنند.

شبهای من
از ابرازِ فانوس
روشن شدند
وقتیکه
بادِ نگاهت
فانوس را
به عمقِ خاموشی کِشید
و در من
شعله ای
به تجربهٔ
من
نشست.
سیاه پوشان
و صورتگرانِ
خطوطِ توّهم و تأدیب
از خونِ تو
و پوست من
عبور کرده اند

ما
در منحنیهای موازی
میچرخیم
که در تظاهراتِ چسبنده
نمیگنجند
و تخیلِ
کوتاهِ
منطق را
در جعبه های
خطوطِ
متقاطع شان
رها کرده اند

من
با
اذهانِ
مرطوب
از
خاطراتِ
ملتهب
همآغوش ام

و پیوندِ
من
درفضای
لحظاتِ
سیالِ
قرون
باز است.
من
در تو
با اشاره ای
دیوانه میشوم
و با نگاهی
راسب!
من
سرگشتهٔ
ضربه های
مأنوس ام
در
آوندهای
گیاهانِ
آماده

و سرشار از تنفسِ پوستت
خون میسازم
و
بی محابا
سرازیر
میکنم!
مرا
در شاخه های
پُر جوانه
و برگهای
خیالت
دیده ای
و بر برگهای آب
که پوستم را
به خاک های
ناشناسِ
آشنای
من
برده اند.

اکنون
برمرکبِ من
آویخته ای
که از طغیان
زیست میکند
و
خونش
از آشوبِ
خیال‌پردازانِ
بی محابا
آرام است

آویختگان من
هر لحظه
بر خاک
ویران میشوند
و
هر سحرگاه
با گیاهانِ
علفی
در خواهش خورشید
از خاک
سرمیکشند.

من
مِهرِ
خاک ام
و رازِ
گیاه
که در شکلِ
پرندۀ
خونت
بال میکِشم
من خونِ
خیالِ
تو ام
و خورشیدِ
نگاهت
که محافلِ معقول را
دیوانه میکند
و با پریشان خاطران
به سفرهای
کهکشان ساز
میرود
کهکشانهای
یار من!

یار من
ناگهان
یاد میریزد
که میدانی.

با چشمانِ مشتاق
با ضربه های صخره
بر خاک
بیدار شد
و با ضربهٔ من
ناگهان
آرام
نگاهش را
بخورشید
کِشید
ساکنان
افقهای
مجذوب
تارهای خورشید
میبافند

و هر سحرگاه
در کاسه های خاک
با دستانِ گیاهی
اشکالِ آتش
به منزلگاهِ
سیالِ
دوست
میبَرَند.

من
منحنیهای فلسفه را
در آتشِ خورشید
فرا یافته ام
ازلحظه های ادغام
در منحنیهای
موازیِ

درختانِ
پر نشاط
وخون
در خوشۀ گندم
و پوست
وسرگردانیِ عشق
از
شکوفه ها
تا
دانه های گیلاس
که خونم را
در آب
افشان کرده است
که سالهای
نگاهم
بر یادهای دیوانه
تمامِ مرا
در آبهای جاری
از یاد بَرَد!

و تو
مرا
از آبهای
سرگردانِ
قرون
باز گرفته ای
که بازهم
قصه های دیوانه بسازی
از
پوشپرهای رفته ام
که فضای نگاهت را
رَنگ زده اند
با من
بی محابا بنشین
که ازپوست
تا آتش
شورشِ مشتاق
بی زمان است
و در ابعادِ
معلقِ
زیستم
اذهانِ خانه ساز
نمیگنجند

با من
در آوندهای
گیاهانِ
پُر قصه
و
مسیرهای
جنگلهای
نایافته
به پروازهای
منحنی
بریز!
و در جمعِ
بافندگانِ
تارهای
خورشید
عریان بیا!

رمزِ
سکوتِ
من
طنازیِ
رقصنده است
بر بامهای
خیال

و ترشحِ
مشتاقِ
منتزع
از خونِ عاشقانم
که تاریخ را
ویران کرده است.

بو
از گیاه
رفته است
و نگاهم
از اشتیاقِ یافتن
خالی است

بر طلوع
شوریده ام
که مرگِ
شب را
منتفی
کرده است
و برشب پوشانِ
مخفی
در لایه های روز.

لحظه هایم
بیرنگ اند
منحنی های صدایش
که
بسکوت میرود
دشت را
در انگشتهایم
روشن میکند
اما
ضربهٔ
سکوتِ
نور
خونم را
جامد
کرده است.
بر سکوت
شوریده ام
که ابرازم را
در مقطعِ دیگر
به سؤال
میکِشَد.

من
راه نشینِ فریادم
و صالحانِ
خفیفِ
مؤدب
درحرارتِ خونم
تبخیر
میشوند!
کدام سکوت؟

خطِ سرخ
نگاهم میکند
در ابرازِ خونین اش
منحنی های
پریشان
مفهوم میشوند
و خنجر
شکل میگیرد.

در سالهای
کودکی ام
ساقه های علفی را
میشمردم

و برگهای
پائیز
در جعبه های
چوب
با عمقِ گیاهی شان
زیست میکردند
اکنون
زمانِ
خنجر است

بر طلوع
خنجر میکشم
و سحرگاهان°
جاوید
میشوند.
منحنیهای سرخ اش
رگهایم را
از طپشی
بارور کرده اند
که ورای
پوستِ
گیاهی ام
میرود.

من
با خونِ منتشر
از قرون میگذرم
هر بار.
و رگهایم
از
سنگ
و
کوه
و
رود
ملتهب اند
و از خاک
و
خورشید
و
تو!

از کوه
شقایق آورده ام
و
گیاهانِ غریب ای را
که منحنی هایش
بمن
سپرده است
پوست من
بوی
گیاهانِ
رفته را
دارد
در خیال!
با سنبلهای اساطیر
نشسته ام
و
با اسبانِ
گذشته
از زمان

قصه های مغانه
گفته ایم.

من
شکلِ
سیالِ
طلوع ام
و
در بالهای خاک دیده ام
خاکسترهای
آتش سازِ
موجوداتِ
افسانه
میپرورم!

هر سحرگاه
حرفی
از
طلوع
بخونم
میریزد
و تا شب
از خورشید
به گیاه
خون میریزم

من
پرندهٔ
بِی نامِ
قرون ام
که صدایم را
دراشتیاقِ
شبانه ات
شنیده ای
و
در خیالت
نشسته ام
من
اخگرِ
مغانه ام
در
آتشکده های
عاشق!
و درتو
رنگ میسازم
با نسیمِ
پوشپرهایم.

ما
با هم
پوست فشردیم
در خوابهای
کودکی ات
که با برگها
به سفرهای
نادانستهٔ
باد
میرفتی
ما
ترکیبِ
منتزعِ
خورشید
و
پروازیم
و
آتش
و
باران

وداستانمان را
کوچ نشینانِ
پریشان
در گذرگاهِ
کلام
و
خون
باز میگویند
و هربار
آتش
بازهم
با بوی مغانه
شعله میکشد
و
پوستِ
پریشان
در آتش
وسیع میشود.

به پرنده ای که دیوانه وار نشست
و دیوانگان را به پرواز میکِشد

نیلوفر و سنبل

۱۳۸۳
۲۰۰۴ میلادی/۲۵۶۳ ایرانی

نیمرخ
در آفتاب.
شروعِ سنبل
در سنگ
و
طالارهای
نیلوفر.
خاک
از ابرازِ
هاشورهای
برگ
زخمهای
از خود
خورده
و این هوا
ذره های زخمی را
از ابعادِ
پریشِ
در هم آمیخته
باز یافته است

ذره هایم
مسیرهای زمان را
در اشتیاقِ
رسیدن
به رمزهای
آشنا
تبخیر کرده است
خوابِ نیلوفرها
با خوابهای
نیلوفرانه ام
به پروازهای
بلندِ
آسان
بال اندوخته
نگاه من
طنینِ
رَنگهای
نیل
و
پارسه را

در حریرهای
سیمان
و
ترس
و
تنهائی
میپراکند.
نگاه من
در این بهارِ
باز
از عمقِ
آبهای
قدیم
و عصارهٔ
ذره های
زخمی
منحنی است.
در چرخشِ نگاهم
خاک
آرامشِ آتش
و
ارغوان
شورشِ سنبل
تدبیر کرده است

دشتِ
لحظهٔ
انفجار
جوانه هایش را
میوزد.
در ترنمِ
رمزهای
طپشی
پوستم را
به نسیم های موقر
کشیده ام
و ذره هایم
از خوابهای دُور
نور میگیرند
جدارهٔ
کشتیِ
نسیم ساز
گذرا
از داستانهای
پاپیروس
نقش گرفته
و آبهای مسیرهایش را
نیلگون میکند

مردِ گشتیهای دُور
در خاکِ
زنگاری
و
زرد
و
ارغوان
حریرهای پاپیروس
میریزد
و نیلوفر
بر ستونهای نو
افسانه های غریب
میپیچد.
با نگاهش
سیاه
خاک را
تا انحنای رگهایش
روشن کرده است:
در اندیشه های سَحَر
دستم را
بر ستونهای منتظر
میکشم

پوست من
از طپشِ نیل
داغ است
و خواهشِ
پریشان
پوسته هایم را
میدرد
و
سفرهایم
زمان را
معلق میکند
که رودهای
دورِ
بیگانه را
به طغیانهای
آگاه
بریزد
خیالهای
زنگاری ام
در دشتهای سنبل
جوانه میزند
و
نسیمِ ارغوان را
به خاکِ نیل
میکِشَد.

سپیدارهای پارسه
در آوندهای پاپیروس
میچرخند
و خطوطِ
نیلی
بر سنگهای
ارغوان
نقوشِ جاوید
میکِشَند.

پرنده ای
از کنارت
بال میزند
و با نقشِ تو
در نگاهش
به دُورها
میرود

خاک را
در آغوشت
کشیده ای
و خونِ خاک
پوستت را
گرم
میکند
چشمانِ
بی خوابت
قرونِ خاک را
بیدار است
و از انگشتانت
ترنمِ خاک
در چرخشِ مشتاقش
تبخیر میشود.

پیرِ خاک!
از نگاهت
رشدِ نیلوفر
بر ستونهای پارسه
حک است
و سلسله ای
در خود
باز میشود
و
بر خود
میشورد

اینطور
که آرام
در دشت
راه میروی
بهار
میلرزد
در اشتیاقِ
پوستت
که باد را
پُر امید
کرده است
لبخندِ تو
حیاتِ
بهارانهٔ خاک است
در چرخش ای
دیگر.

صدایم کرده ای؟
خونم
رشدِ نیلوفرانه دارد
در این صبحِ گسترده
از پارسه
تا دشتِ خورشید
میروم
و سوارانم
نرم نشین اند

نگاه من
از
چشمانت
نور میگیرد
و خاک
از تو
میچرخد
بیدار.
خیمه گاهم
از ترّنمِ لبخند تو
با بوی سنبل
بیدار میشود
و شیپور زنانِ
همیشه بیدار ام
در نوای چنگ ات
بخواب میروند

امروز
اسب من
با
آرامش ای
وسیع
میخرامد
و در درخشش
چشمانش
نویدِ گیاهانِ
نادیده
و
دشتهای
مشتاقِ تسلیم است

گردونهٔ تو
ادغامِ
خاک
و
هواست
تصویرِ اسبهایت
بر

آبهای نزدیک
تا
آبهای دور
نِشسته
و
آسمانهای
خاکهایت
در اهتزازِ
زرد
و
سرخ
و
بنفش
آرام است.

ببین!
در جشنِ پارسه
نیلوفر
و
سنبل
خاک را
بیدار میکنند
و دستهایت
گندم
و
آتش را

و
صورتگرانِ
شهرهای
افسانه
داستانِ
پارسه را
در دفترهای راز
مخفی میکنند
تا
در هر بهار
از گوشه های دور
جوانه ای
منفجر شود
از شراب
و
گندم
و
نمک!

ببین!
مسیرهایت
وسیع است
و
زمین
سوارانت را
میشمارد
در جشنِ
بهار.

خاک
خاکِ مهربان!
با اندیشۀ
آیندگانم
شعله را
در سنگ
باز میکنم
من
با تمامِ خونم
خاک را
به سنبل
و
نیلوفر
کشیدم

و از استانهای
پاپیروس
تا
خاکهای
دورتر
نقوش
فروهر
جوانه زدم
اکنون
درنزدیکی
به خاک
آرزوهایم را
به آتش
میسپرم
که جاودان
پارسه را
جوان دارد

ستونهایم
استواریِ
خانه های دور است
و
نزدیک
و سوارانم
از شب
گذر میکنند

تا
پیامِ
آرامش
در خوابهای
خستگان
بنشیند

من
در زمانِ
استواریِ
نیلوفر
و
سنبل
زیسته ام
و آرزوهایم
بخون تو
میچکد
که
ستونهای پارسه
قلبت را
فشرده است

من
از
دیوارهای
حزن
و
افسوس
به زمینِ
باور
رسیده ام
در این حضورِ
افسانه
مسیرهای
آتش
و
آب
در هم
جاری است
در زمینِ
بی اعتراض
در لایه های
زرد
و
سرخ
و
بنفش
راه میروم

و نگاهم
منحنی است

خون من
در اشتیاقِ
نوادگانِ
پراکنده
ویران است
و
قطره هایش را
هر بار
تفسیرهای
مرموز ای
منسجم میکنند
که باز
ویران شود

مسیرهای
رفته ام را
دراین فضای دگرگون
باز
میبینم
و لحظه ای
که تاج
را
به خاک
سپردم
و
خاک
تاج را
بمن
سپرد.
سنبل
پراکنده ام
و
آتش.
در دستان من
خاک
آب میشود
و
خونم
در خاکْ
ارغوانی است

سالیان من
با تو
از خاک
میگذرد
و
کراتِ
زنگاری
میسازد
در تمامِ
پوستم
خاک
غنوده است
با
خاک
راه میروم
و
از نگاهم
شکوفه
میبارد
همراهِ
قطره های
یادِ
پارسه
همراهِ
شاهانِ
فراتن.

اکنون
پوست من
از اندوهِ تو
زخم انگین
و
آرام
میچکد
خاک!
خاکِ همنشین

سالیان من
از تو
با هم آمده
و با تو
ویران است
من
داستانهای
خون
و
نمک را

با
آتش
و
گندم
در لایه های
پاپیروس
پیچیده ام

که
در آتشِ باد
گم شود
که
انگشتانِ
دوست ای
قرون° چشیده
درحزنِ
شکوفه های
گیلاس
بار دیگر
بنگارَدش
به خاک
و ناگهان
تمام خاک
لحظه ای
زنگاری
است
و
ارغوان

وخورشید
بر خود
میجوشد
در لحظهٔ
تبادلِ
نیلوفر
و
سنبل

شب
آرام است
و
روز
آرام
پرنده ها
مکث کرده اند
و
گیاهانِ شیفته
در انتظارِ
فردا
خونِ آوندهایشان را
آرام
میچرخند

فردا
انفجارِ
روزِ
سالهایِ
نوروز
قرون را
شکل میدهد
وقتیکه
دو پوست
خاک
و
آتش را
لمس میکنند

و
توافقِ پلکها
گسترشِ
بوهای اساطیر است
در خونِ
اقوامِ
ناشناخته

که
با هدیه ای
از
سنبل
و
نیلوفر
حروفِ
خورشید
حک میکنند

و
نیزه هایم
باد را
بر برگهای سپیدار
ساکن میکنند

اکنون در من
صدای
نوروز است
و
کششِ
سرزمینهایِ
منتظر
در گوشِ اسبانم
رموزِ باد را
خوانده ام

من
شاهِ زمینهای
پذیرایم
و
خون
اقوامِ
رنگارنگ
در اشتیاقِ نگاهم
زرد
و
سرخ
و
بنفش
میچرخد

من
از آشوبهای
مرشئون
گذشته ام
و اصالتِ
خون های پراکنده را
گسترشِ دشتهایم
میکنم
تردیدِ من
در آتش
جوانهٔ
نیلوفر است
در پارسه

کاسهٔ شیر
و
شاخهٔ گندم
حضور
مرغانِ
خانگی را
نرمشِ زیست
میدهد.

با جام ای
از شراب
کلام ای
برای آتش
ساخته ام
درترنمِ چنگ
و
نسیم
آتش
از
خیالِ من
در
شهوتِ
شعله های
بی زمان
فورانِ
خاک است
و در هر زبانه اش
بوی سنبل
جرقه ای است.

یارِ
ارغوان پوشم
خیمه
در دشت
زده است
در دستانِ محکم اش
لایه های
زرد
و
سرخ
و
بنفش
مسیرهای
پاپیروس
و زمینهای
رموزِ
فراهم را
رنگ میزند
از قبیله های
مشوشِ
هراسنده
تا
زمینِ
گستردهٔ
مطمئن
یک نگاهِ اوست

تاج
در دستانش
نشست
نگاهش
ازرگهایم
گذر میکرد:
"پارسه
با تو است
و
خاک
با تو است"
با سکوتِ
نیلوفرانه
پوستم
در دستانش
رشدِ آگاهی بود
در لحظهٔ
خورشید
و
نسیم

کمانکشانِ من
تا
نیستان های دور
در کمین
مرشئون
نوای پاک
پراکنده اند
و
نیزه دارانم
نویدِ آرامش اند
این خاکِ زنگاری
با یادگار من
میچرخد
در برابر
آتش پارسه
با سکوتی
جاودانه
مینشینم
و
چرخش خونم
از آرزوهای
زنگاری
پُر است

که خاکم
جاودانه
در نسیمِ آشا
جوانه زنَد

من
در خونِ
نوادگانم
بارشِ
راستی ام
که در قرونِ دیوانه
آتش
و
سنبل را
هر بار
یاد میکنند
و لحظهٔ
بیدارِ
من
با پیرِ
خاک آغوش
اینجاست
که تو نشسته ای

و
هرکجاست
که
خونِ تو
میچکد
در
خاکِ
تو.
خوابیده
هم آغوشِ
زمین
بیدار
دستش را
بر پلکهایم
میکشد
صدایش
نرمشِ
پوشپرهای
آشنای
من است

ابهامِ
قرنِ
دیوانه را

با دستانِ
منتظر
در آتش
میریزم
پرنده ای
ناگهان
بال میکشد
و
تمامِ
خیالم را
با تارهای
پوشپر
به نسیم های
پروازهای
بی مسیر
میبَرَد

من
بازماندۀ
لحظۀ
نیلوفر
و
آتش ام

که سنبلهای
سرزمین های
دور را
به سفرهٔ
ارغوان
میآوَرَد
و
هرسال
با یادهای
پریشان
در بوی
نرگس
و
مریم
فراهم است
و خونش
هر بار
بر ستونهای
پارسه
میریزد
و هر بار
نیلوفر ای
جوانه میزند
با یادهای
پریشان.

شعری برای پیرِ خاک زرتشتِ پاک و داریوش شاه که گردشِ خونم را هر بار تازه میدارند.

اشراق پوشپری

۱۳۸۴
۲۰۰۵ میلادی/۲۵۶۴ ایرانی

شهرِ خاموش
شبِ بیدار!
پرنده های
خاکستر
سیاه را
به توافق
خوانده اند
سپیده
داستان ای است
در
لایه های
گیاهانِ
توُ در توُ.

با صدای
بالهای
اساطیر
پلکهایم
پرواز میکنند
و نگاهم
خورشید را
بیدار!

پوست من
از
باد
و خونم
از
آتش
بیرنگ است
و هر لحظه ام
هماغوشی است
با عصاره های
اشتیاق
در وسعتِ
ذراتِ
بی بُعد

فریادم
ابرازِ
ابعادِ
قرون است
در تفاهمِ
تضاد!

در طپشِ جنگل
سئوالِ خون
به خاک
میریزد
جوانه های
فصولِ
بی شکل
ابرازِ
آتش است

در شکاف گیاه
رمزِ
کلام است
در شکفتنِ
خاک
صدای
پرنده ای
که
با گیاه
میخوابد
وپروازش
طغیانِ
رودهای
دور است

امواجِ مشوش
در پچ پچهایِ ناموزون
ساقه ها را
سوخته اند
نگاهِ تو
قلبم را
آرام میکند

سایهٔ سنگ
سرد است
ودشتِ شب
درقدمهای ما
پیچیده است
صدای تو
مرا
گرم
میکند
تا
خطوطم را
به آب
بریزم
این خون ماست

که در
توانِ

زبونِ
دسیسه
مدفون
میشود؟

پوستِ تو
سنگهای آتش را
از
ستارگانِ دور
بخاک
کشیده است
و نگاهت
آتش را
بیدار
میکند
کدام سنگ
شب آورده است؟

ما
ساربانِ
کاروانِ
شورشِ
خاکیم

بر
افسردگیِ
تکرارِ
حروفِ
رخوت و فریب!
ما
نهیبِ
عریانِ
عشقیم
بر
سجاده های
مَجازی
موجوداتِ
دسیسه!
کدام
پدیدهٔ خاک
ترا
سرد
میکند؟

که از نور
منطق
بگیرد

دستانِ تو
کلام را
بخونم
ریخت
در لحظاتِ
جنگل
و
پوشپرها
ونگاهت را
در خونم
حمل میکنم

وقتی که پوست تو
و
خون من
در طنابهای
تزویر و سجاده
کشیده میشد
عصارۀ ما
به مباحثِ
دیوانۀ
قرون
رفته بود

من
از
من
گریزانم
و
تو
مرا
به خواهشِ من
تسلیم میکنی
تا من
از خون
خالی شوم
و
پرنده های
آینه
در طلوع
جوانه کنند
سَحَر
جنگل را
سپید
میکند

با قدمهای
بیگانه ام
پرنده ای
ندیده
آشناست
طلوع را
صدا
میکنم
و قلبم
خورشید
میشود

پرنده
نمیداند
سکوتِ من
جریانِ
کلامِ
اوست
من
با پروازهای
رنگی اش
امروز
میخوانم

و
فردا
با
پوشپرهای
نور
محو
میشوم
حزن من
آسان نیست
اشتیاقِ ماندن
به منطقِ خون
تسلیم شده است
و پرنده
نمیداند
بالهایش
از شعفِ نگاهم
سبک
باد میسازد
و ما
در خوشه های گندم
گم میشویم

در سالیانِ دور
سفرهایم
خاک را
رنگ میزد
در سکونِ نگاهم
اکنون
عصاره های
خون
پرواز میکنند

بر تیغ
راه میروی
ایدوست !
و بر من
تیغ میکشی
تا نیازم
در تو
بنشیند

من
با تیغ
زاده ام
و کلامم
تیغ
میریزد
دستان من
از گیلاسهای
سرخ
خون میسازد
که رود
با یاد ما
سرخ
طغیان کند
ردایم را
به پلکهایت
میکشم

و پلکهایت
از اشتیاقِ
منطقم
سرخ میشود
و نگاهِ تست
که مرگِ
سجاده های
مَجاز را
در پرواز من
میبیند
و تو
در دشت
فریاد میشوی

ضربه های روز
از
تلاشِ منست
که خونم را
تار میکند
اکنون
آشکالِ دیگر
با ذراتِ موازی
جاری است
که ناگهان
تمامِ روز
از ابرازِ سیمان
خالی میشود

شهر
سایهٔ
خاکستر است
در جستجوی من
میشکند
اما
تو
ساعتهاست
رفته ای
خیالت
در کوچه های
خاکستر
میچرخد
و
در پسکوچه هایِ
آشنا
گم میشود

من
درطلوع
حروفِ نور
میریزم
که
در شکافِ
سنگها
قصه های
شادمانه
میسازد
و تبادلِ جامد را
با صدای پرندگانِ سَحَر
جاری میکند

در دستان من
دو قطبِ نور
لانه دارد
وحرکاتم
رنگی است
در لحظه ای
سرخ میسازم
در بیشه ای
ترّنم

در صراحتِ دستانم
پوستت
سرخ میشود
و چرخش
نگاهم
طغیانِ
خون
تست
خطوطم را
تکرار میکنی
و رود
آشکالِ ملتهب را
با خود
میبَرَد
دوستِ
جنگلِ
در خود
پیوند ما
بی خط است
هماغوشی
پوست تو
با
برگها

ساقه ها
از خونِ تو
پُرمیشوند
هربار که
محکم
راه میروی
و دشت
فریاد نشینِ تست
ساکت!
وسیع!

روزی
برایم
گیلاس آوردی
و رود
در من
طغیان کرد

در رسوبِ
این سایه ها
تشکلِ
سنگ
قطعی است
من
از ترّنمِ
آتشهای
کهکشان

زاده ام
و درحبابهای
سنگ
نمیگُنجم
وتو
در انگاره های بی شکلم
نشسته ای

و
برمیخیزی
تا
پرواز
بسازی
در من
شورشِ
مبهم ای است
این لحظه
مرا
ویران میکند
هر بار

و باز
رمز ای از نور
مرا
باز میسازد
بر خونم
خنجرِ
سفرهای نور
جا گرفته است
پوست تو
امشب
از رنگ
خالی است
کدام پیامِ
ذراتِ
آشنا
بیتاب ات کرده است؟
در نگاهت
صبر
آب میشود
و خاک
آتش!

دوستِ
جنگلِ
آشنا!
هراس ای
نیست
این حزن
اما
ذهنم را
مخطط
کرده است
در این شبِ
عریان
عریان
بر
صخره
حروفم را
باز
میخوانم
و تو
ساکت ای
خونت
از منطقِ سرخ
جاری است

و تو
ساکت ای
در پشت پلکهایت
قطره ای است
که تنها
من
میبینم
حرف ما
از چراها
خالی است
و
آرزو ای
نیست
که تسلیم را
بشکند
اما
شب
در طلوع
میشکند
و طلوع
در قطرهٔ
پنهانِ تو
تا دور دشتها
ویران است
اشتیاقِ سَحَر
بیدارم کرده است

گیسوانت
از راز شبهایمان
شفاف است
و
از
حفره های
خالیِ
نگاه های
خاموش
میگذرد
شهرِ
راسب
از
مهره های
قائمِ
شکسته در خود
نشست
میگیرد
من
شاهد
دسیسه هایِ
رنجور ام

طلوعم
از
پچ پچ های
افسرده
میگذرد

بادِ
دستانم
در حرکتِ سرخ
مرگِ
قصه های
نیرنگ است

گفتی
چرا ایستاده ای
و منطقِ رفتن
سرخ
ایستاده بود
دوستِ جنگلِ آشنا!
از ضربۀ
مِهرِ
تو
خون
در من
وسیع میشود

دستانم
از پلکهایت
گرم است
و خونم
آرام آرام
در طلوع دیگر ای
میریزد
من
با صدایت
خاطره میسازم
و
با ریزشِ نگاهت
دورمیشوم
مسیرهای
نور
تو در تو
با
نگاهم
موازی است
و تمامِ پوستم را
در وسعتِ کهکشان
میپراکنم

خون من
با نگاهِ تو
پراکنده میشود
یادِ پلکهایت
و
پوشپرها
ساکنِ
این
لایه هاست
که خورشید شان
سایه ای است
و شهر دسیسه های
شبرو
وصورتهای
معکوس
در گیجیِ نبودنم
در خود
راسب است
خاکستر
بی آتش!

شب
آسمان را
روشن کرده است
خون من
ستاره ها را!
هرمس
پاپیروس میسازد
و زرتشت
آتش.
بهار
از شب
بیرون میچکد
وقتِ ریزشِ
ستاره هاست
نور
کنار من
مینشیند
ومن
اشراق میکنم
در
خود

اکنون
خون من
در چرخشِ
دورِ
لاله هاست

در پیچشِ
سنبل
و
نگاهم
از هرمس
نور میگیرد
و منطق
ازجعبه های زرین
به افقهای باز
پرواز میکند
ومن
با قدمهایم
میخندم
در اکتشافِ
بی منطق
حضورم
از خود
خالی است

در خاکِ هرمس
میچرخم
و پوستم
خاکسترِ
پاپیروسها را
جذب میکند
بوی نیلوفر
سکوتِ طلوع
در لحظۀ
پرواز
تو
نقطه هایم را
میدانی
و خطوطم را
لمس کرده ای
جریانِ
ذهن
من
پروازِ
خون
تست
تشکل ما
سخنگویانِ
سجاده های
مکررِ
کسل را
ویران میکند

و خورشید
در ابرازش
گنبدهای
ارزش را
بخاک
فرو میکشد

مکث میکنی!
در کلامم
مکث میکنی
و نگاهت
در دشت
جاری میشود
بی من!
راز محزون را
تو میدانی
و من
دیده ام.
در دشت
چه میریزی؟
قطره هایت
خون منست
و نگاهت
پوستم

که هر بار
پاره میشود
در تبادلِ
سکوتمان.

این بار
من
برایت
گیلاس
چیده ام
تلاطمِ نیل
در طپش
بالهایت
میریزد
آنطور که
از من
دور میشوی
و خون من
از تو
تهی
میریزد
در من
حزن من
تحرک
پاهای
تست

و
نشاطِ
خاک
که گرم
می‌چرخد
و روزهای پُر طپشم
در پوشپرهایت
عریان
بر خاکهای دور
می‌بارد

در بطنِ این شب
نور ای
نشسته
که خورشید
می‌شناسد
و
آینه
در خود
می‌تراشد
شبانه
آتش
در آب
می‌جوشد
نیل
در خطوطِ
پاپیروس

این غروب
آرام است
صدای
پاهای
منقلب
آرام است
وقتیکه
پوست
از خود
می‌رود
نگاهِ تشویش!
صورتِ افسوس!
گیجیِ دسیسه
در مرگِ سرخ!
اکنون
فصلِ
شورش است

که سجاده ها را
به آبهای منقلب
میریزند

و پوششهای
تحکم
و
تخدیر
در تدبیرِ
سیالِ
سرخ
به تسلیمِ
آتش
میرسند
در آتشکده ها
صدای
پرواز است
و کلامِ آتش
از جعبه های
تقدس
و
تحجر
میگریزد

قرونِ شفاف
در نگاه
آتش خوانانِ
نا پیدا
قصه را
هر بار
طلوع میکنند
من
ازحماسۀ اشراق
میآیم
من
از جنگلِ
ملتهبِ
آگاه
به رمزهایِ
نا شکفته!
من
از دشتِ دیوانه
من
از محافلِ
غزلخوانانِ
دلخون!

من
در جستجویِ
پرندهٔ
خونریز
دشت های
وسیعِ دور را
زخمی
کرده ام!
من
در شورشِ
مرگِ
ناگهان
دیوارها را
سرخ میکنم
هنوز!
من
از ضربه
عاری ام
دستانم
در وقتِ
توانستن
نگاه کرد
درنگِ من
از تدبیرِ سرخ
رنگریز است

من
از ضربهٔ تو
جاری ام
در خود!
صدایم
با صدای
ساقه های
پاپیروس
در باد
میوزد
و در پوشپرهایت
اشراق میکند
من
از لبه ها
گذشته ام
با تو!
از ساقه های
گندم
تا
برگهای
بی زمانِ
دوستانِ
جاری

که
با
پوشپرهایت
به تدبیرِ سرخ
میرسند
در دو سویِ
آتش
و
پاپیروس

و هر بار
در قرونِ شیفته
شهرِ
ساکنان
دیوانه
میتراود
و
در اشراق
گم میشود

شعری برای اشراق

خورشیدِ ماه نما

۱۳۸۵
۲۰۰۶ میلادی/۲۵۶۵ ایرانی

شب
سکوت را
صدا کرده است
باد
سایه های
سیاه را
هاشور
میزند
کوچه های
نا تمام
با امتدادِ سکوت
میروند
و من
با کششِ تصویرهایت
کوچه گذار
شمعهای
کشیده
سایه های
کشیده
آب میشوند

در توازیِ
پوست
و
نسیم
شکلِ بهار
دیوارهای
کاهگل را
نشان کرده است
دانه های
قرنهای
مخفی
مرا
بخاک
میکشند

گوشهایم را
در عمقِ خاک
فرو کرده ام
و
صدای
پوستِ
دانه ها را
میشنوم:

"ما
با ضربه های دهل
میترکیم
رمزِ این شب
خاک را
لرزانده است"

کوچه ها
اما
خواب را
سنگین
میکنند.
از تمامِ چشمهای
مشوش
و
خانه های
لرزان
گذر کرده ام
حفره ها
با
اضطراب
راسب اند
و
شکلِ
خیال من
در دشت
نمیگنجد

صدایم را
پرنده ها
به کوهساران دور
برده اند

از دور ها
صدای
شکستنِ
صخره
می‌آید
در شهرِ تشویش
اما
خاموشی ساکن است

من در خواب
رؤیای بیداری
دیده ام
وطپشهای
تمنایم
دردشت و بازار
سرگردان است
این باد
کششِ
خونِ
منست

در
ابعادِ
جاری.
خطوطِ
تسلیم و عبوس ات
هوای گنبدها را
سنگین کرده است
صدای من
با مناره
آشناست
صدای تو
مناره ها را
عریان میکند
"بی پوست بنشین.
کنارِ من
جای
جوانه های
عریان است
که بر پوست
طغیان کرده اند"

ابرازِ
سکوتِ تو
ریزشِ
حرفهای منست
در باغ و بازار
رنگِ
جوانه ها
سکوتِ ترا دارد
در
آمیزشِ
بهار.
و شورشِ بازار
با تنگنای
رفاه ـ
خطوطِ
قائم
بر من
تاب میزند
رازِ خورشید
ماه را
شب نشین
کرده است

صدای
قدمهایت
مرا
پای خسته
از
خود

این سَحَر
خوابِ مرا
شبانه
ربوده است
خوابهای
من
خورشیدانه اند
خون من
شبانه
میریزد
در
تمنای
خورشید
و
هرسَحَر
در باد
تبخیر میشود
در
اشارهٔ
خورشید.

تو
حافظهٔ
باد ای
که
از کهکشان
گذشته است
درنگ تو
در من
تولدِ
خورشید است
و
تمنایِ
ماه

در تمنای
ماندنت
مفهومِ
گذر شده ام
و
حزنِ
خاکستر
که
در
بادِ تو
آتش است

نزدیکی تو
با گیاه
ابعادِ موازی را
به تخیلِ
جوانه
و آستانهٔ
شعله
میکِشَد

من
نظاره گرِ
ترنمِ آشکال تو ام
در
تبخیرِ
خورشید

من
از خود
گم میشوم
تا در بخاراتِ
مسلسلِ
دیوانه
بیدار شوم

بازار
از بوی
موی
تو
افسون است
و زنانِ پیچیده
از
خود بیرون!
ازدحامِ
شهر
از حضورِ تو
مست است
و
در عبوستِ بیداری اش
بیگانه از خود
بر من
آه میکِشَد
ماه
مرا
میداند
و
ریشه هایم را
در نورِ
مهربان اش
به انحنای
رگهایت
سپرده است

رگهای تو
اما
خواهد برید
و من
در مسیرِ کشیدۀ
ماه
و
خورشید
سرگردان
خواهم
بود
در
اندیشۀ
تفاهمِ خطوط
و
توازنِ
ابعادِ
سنگین
ذهن من
راسب است

با بوی تو
پرواز میکنم
که
از صخره
و
آب
میگذرد
و
تدابیرم را
در باد
بخورشید میبرد

قطره های
پوستم
با یاد تو
طغیانِ دریاهای
نوح افکن است
تو
کششِ
تمنای
من ای

و
گریزِ
رسیدن!
با یادِ تو
در بازار
گم
میشوم
و نقطه های
خیالم را
در مسیرهای
نا آشنا
میکارم
تا
ببوی تو
شبانه
بیدار شوند

در فضای شورش
بر
خطوطِ
هندسی
و
اعدادِ
جامد
به حروفِ آتش
آویخته ام

در دستانت
بهار آورده ای
و
جوانه ها در
اشتیاقِ
آتش ات
در پائیز
میجهند
نگاهم
از
پروازِ آرامِ
خورشید
پُر است
در حادثهٔ سَحَر
بر خود
خنجر کشیده ایم
و شهر
پر از
بیگانه است

من
شاهدِ
تبخیرِ
خورشید ام
که هر
تار اش
بر خون من
میریزد
قلب من
دیگر
خیال ای است

من
جامهٔ خورشید را
از ماتمِ رود
برگرفته ام
و پوستم
خاکستر است
خاکسترم
با
خاطراتِ خورشید
و
شورش
بر خود
میطپد

خاکسترِ
باد سازِ من
با
حریرِ خورشید
زنده است
و
در هر سَحَر
خون
میسازد
که در مسیرهای
دیوانه
با
یادهای
دیوانه
جاری شود

در حجابهای
موقرِ
تاریک
به بازار
میروم
با تنم
زخمی
از خود

از نگاهم
تمنا
میسوزد
و
خورشید
سرازیر است

بازار گنبدها
ناگهان
افسرده است
و ماه
از
کشش خورشید
شبانه
بیدار

من
درتجمعِ مراجعِ جامد
آسانم
و
خونم
در طنازیِ خورشید
ملتهب

در خود
پیچپیچیدگانِ
افسون
و
دسیسه
مرا
به قلعه های
توهم
و امنیت
میکشند
شبهای
افتاده ام
خورشید را
خوانده اند

رمزِ
صدای من
در نگاهِ ساکن
ساکن است
و در
قلبِ خورشید
فریاد!

در انتظارِ شب
سیاه
میشوم
در ابهامِ پیچیدگانْ
دیوانه
و نگاهم
در مسیرهای
جنگلِ
در
تاب است

خورشیدِ
بیابان سرا
کجا
بال میکِشَد؟

غزلهای
بادیه نشینم
خورشید را
مستِ بیابان
کرده است

مرا
ازغزل
در بسته اند
از نگاهِ
عریانِ
خورشید

من
آشفتهٔ
در خوابم
از
ضربه های
طبلِ
مستانه
که
شهر تجارانِ مؤمن را
در هراس موهوم
بیدار
کرده است
بیدارانِ
اعدادِ
موقرِ
جامد

ساحرِ
تشکلِ
رؤیاهای
بیدارِ من
و
کابوسهای
موهومِ
سجاده نشینانِ
افسون!
رمزِ تو
کلام ام را
چنین
آسان
مخفی
کرده است
که دلالانِ
کوچه های
دسیسه
عاجز
به طلسمهای
عجوزه
دست میبرند

ناگهان
ماه
میریزد
ناگهان
خون من
در نگاهِ دیرگاه اش
گرم میشود

خورشید
در خونم
طلوع
کرده است
و
درختانِ
جنگلِ
شب
در خود
زمزمه
میکنند

"ماه
بر شاخه هامان
فرو میریزد
یک ماه
هزاران
ماه"

ماه
در دستانت
بزرگ میشود
جوانهٔ
این شاخه ها
از نگاهِ تست
که ماه را
روشن کرده است
نگاهت
خورشید
و
پوستت
خورشید
من
در دستانِ تو
منم.
گم شده
از پوست

گم کردهٔ
اذهانم
تمنّای
دستهای توأم
رؤیای
این دشت است
در
بیداری من
که تنها
در من
صدای
گامهایت را
شنیده است

تو
تخیلِ
باد ای
در
تشکلِ
خورشید

ومن
در جامۀ حریرِ
نورهایت
لایه لایه
باز میشوم
هر بار
با صدای
گذرای
بادهای
عاشق!

شعری برای شمس

خورشیدِ و خاکستر
آتش و خاک

۱۳۸۶
۲۰۰۷ میلادی/۲۵۶۶ ایرانی

برگ
در سکوت
شب را
آرام کرده است
تمامِ آن بادهای
سرپیچ
رفته اند

شب
در نگاه من
امید بسته است
من
در بطنِ شب
میخزم
با رفته هایم
در خون
چرخان.
آهای!
این خاک ات
چرخان
در کدام خون میلغزد
اینطور
با شتاب؟

اصطکاکِ
خونهای قرون
چرخش اش را
پُر فریاد
کرده است.
آهسته
در گوشم
این رازهای
قدکشیده تا خورشید را
بخوان
که
قطره های حزنم را
کهکشانهای بی نام
دیده اند
و از ضربه های
هق هق هایم
خورشیدها
آب میشوند.

شب
از شدت سکوت
از خواب
میپرد
کدام خطوطِ پریشان
خوابهایش را
بوحشت رسانده است؟

سکوت
بر تمامِ خاک
سایه میریزد
برگ
زخمهای خاک را
مینوازد
و نسیم
آه میکشد.

مَردِ انگشتان لغزنده
و
حروفِ
ساکتِ
بیشمار!
از لایه های
پیچیده ات
کلام میریزد
دستانم را
سالها
در پارچه های تبرک
آب داده ام
تا در این لحظۀ
تقدس
عریان شود

انگشتانم
در انحنای کلام ات
محکم اند
اما
راز حروف
لغزنده در نسیم.
از
انگشتانم
نشت میکند
ببین
خاک
میلرزد!

نگاهِ مردِ کلام پوش
برآب است
هان!
زبانِ ماهی
میداند
و
لغزشِ ماهی
در انگشتانش
کلام را
راز میکند
و راز را
عریان!

و من
با چشمان ملتهب ام
به راه
فریاد
می‌کِشم.

راه
محزون است
در تشابهِ
آب
و
خاک
آینه ام
خاکستری است
و
انگشتانم هنوز
از گذرِ کلامِ لغزنده
می‌سوزند
راز
در
هواست
و
هوای من
در نقاهتِ
لحظه های گم کرده
کشدار
میشود

لحظه های نزدیک
دور اند
دور.

آهای!
بیدار شو!
سپیدارات
بر گل نشسته
و
بیدهای دور
در نوسان منحنی
باد را
رَنگی میکنند
از پارسه
بوی
دوستانِ
پیچیده در سنبل
و
چوبهای سوخته
چنگ را
لرزانده است

گوش کن!
صدای خونم
تا "کجا"
کشیده است
و
"کجا"
در سرخی خونم
خود را
گم میکند.

گردِ پارسه
بر پوستم
شاهد است
بر این حزنِ
خواسته
مکث کرده ام
و سکوتم
جریان
خونِ رفته است
بر سریرِ دارا
گرمی خون من
از
نوسانِ
درفشِ تنهاست
و ریزش
نگاهِ ستونهای افتاده
در لحظهٔ
ریزش.

نسیمِ بلند
عقابهای پوینده را
از لانه های محکم
به
مسیرهای
روندهٔ
بی منطق
پرتاب میکند
صدای تفرجِ
پرواز
می‌آید
و
انبساط
شیفتگی
در دشت
پرندگانِ
شوریده
بر
خود.

از دشت
تا
خانهٔ نگاهت
وسعت
یک
لحظه است
من
با صدای خاک
آمده ام
و
تنفسِ
کلام
و
پرواز خورشید
و
تنوعِ
رنگهای
بوی
سنبل.
در گفتگوی
خورشید
و
خاک

تبخیرِ کلام
رازِ
آبهای نیل است
که
در نی
عصارهٔ فریاد را
بیدار
میکند.

لرزشِ
خطوطِ
خورشید
قدمهایم را
در نیل
قصه
میکند

رازِ صدای خاک
لرزشِ
خطوطِ
عریان است
بر پلکهای
مفتون
من
که در تنوع
خورشید
سفیرهای رنگیزه را
راز میداند
از
سَحَر
تا
لحظۀ
خاموشی.

بالهای
پرنده
آسمان را
وسیع
کرده است
جدار برگ
پوستم را
زخمی.
بوی پرواز
می‌آید.

پرنده ای
سرگردانِ
بوی
تست
برگ ای
در جستجوی
خون من!

با
رطوبتِ
نگاهم
صبور
نشسته است
بر شاخسارِ
باد دیده.
و داستانش را
بر آب
میریزد.

در شتابِ من
بر آب
نگاهش
موج میسازد
و در تلاشِ
زخمی ام
ناگهان
تمامِ رود
جاری است.
در لحظۀ منبسط
تدبیرهایم
با آب
میروند
و آرام
پرنده
در پوستم
جوانه
میزند.

بر
لایه ای از باد
خوابیده ام
و خوابهایم
در هوسناکِ باد
موج میزنند
درتشکلِ
لحظه های
گذرا

رنگیزه های نورِ نشان
میرقصند
و
صدای
خاک
می‌آید
در اشتیاق اش
درنگی نیست
ضربه های
تار
قرون
با نوازشِ خورشید
روشن اند
و خاک
داستانش را
زمزمه میکند.

من
با درختانِ بلند
و گیاهانِ خرد
زیسته ام
و
پرندگان
افکارِ خونم را
میدانند

رمز نگاهم
در آوندها میچرخد
و
با پوشپرها
طغیانِ باد
است
در جستجوی راز
کلام
آسوده است

من
منظومه ها را
تکان داده ام
و
با چرخشِ
نگاه ای
خونم را
به خاک میدهم
ببین!

در تضاد
سنگ
و
آب
در لایه های باد
میپیچم
و خوابهایم
دیوانه وار
مستأصل اند
زمانی
برای
یادها نیست!
شیرِ دشت؟
طاق پوشِ یاس؟
باغِ سوخته؟
من از غلظتِ زمان
به جوهرِ
یادها
رسیده ام
و حرکتِ خونم
لحظه ای است!

من
از جهشِ کوتاهِ شاهین
بر خاک
و ابهام
خاکسترِ
غار نشین
ویرانم
لحظۀ
رسیدنِ
خاکستر
به رود
انفجار
پرواز شاهین است

و
رود؟
جامه ای
که باز شد
کلام ای
که در خود
سکوت ریخت
وقتِ نهیبِ پایان است
در تکرارِ
لحظۀ
رفتن.

و
رود
عصارۀ لحظه های تمنا را
میبَرَد.

پلکهایم
در مه
باز شده اند
نوازشِ خاکستری
از چشمم
قطره میسازد
نورپاشان خون ریز
نزدیک اند
و
مه
زیر پایم
باز میشود

در لانه های باد
سقوطِ
پرواز است
و حقیقتِ بیداری
در داستانهای خواب
محو
میشود.

خانه های
سوخته
و
رگهای
گسیخته
تشکلِ
کلامهای راز اند
این کلید
این در!
در پشت در
نشسته ام
وانگشتانم
حرف چشمانم را
در ابراز
قطره ها
میفهمد!
در راز های
باز
ابهامِ
ابراز
از منست
حقیقت
خالی
از هیچ
میترکد

و
خیال
در غوطه های داستان
از ابعادِ بودن
خالی است

در باز بینیِ
پدیده های
دیوانه
به مرزهای
راز
میرسم
نقطه ای
خط است
و خط
این خط
از ابعادِ
منطق
و
تسویه
میگذرد
سنگِ معیار
در فضای مِه
بی وزن است

و
نقطه های
چگونه
در خطوطِ
بی بُعد
پوسته میریزند!

یاس را دیده ای؟

صدایت
نرمشِ
پوشپرهای
جوان است
و
لایهٔ نازکِ
آب
از
اشتیاق
آتشِ
برف!
در پوستِ
پیر ام
رازِ
کلامِ
شورش
ریخته ای
که

من
گهگاه
میدانم

من
ترا نفس میکشم
در جوششِ
لحظاتِ
ویران ات
و
ابراز من
تکرار
لحظه های
هیچ° پای
بی تکرار است
من
در خونِ
بی زمان
میغلطم
و با تفسیر های سرخ
رگ میسازم
و آوند

و اتصال
نور
و
آتش
و
خاک ام
در لحظهٔ
راز های
آزاد!
تبسمِ
پرندهٔ
خود ساز را
دیده ای؟

نوازشِ نیل
پوستم را
در بُعدِ سَحَر
باز میکند
ذره پاشانِ نور
عصارهٔ
آتش
آورده اند
در اتصالِ
بی وقفه
پرنده
میخوانَد
و
خاک!

این
شکلِ تست!
این
تبلور ذهن ات
در ازدحامِ
بودن ها
و
گذشتن ها!
این
تدبیرِ نور است
بی منطق

مِه
میشکفد
لایه هایش را
در خواب
دیده ام
و
در ابعادِ
بیدار.
سَحَر
با صدای خاک
باز میشود

سرودِ
سَحَر
اتصالِ
سرمستانِ
نور نشین است
زمزمهٔ خورشید
افق را
بیدار میکند.
با ترشحِ
خطوطِ خون
خیالم
قد میکشد.
"خوابیده ای؟
سَحَر
منتظرست
بیتابیِ حریر
بید را
مشتاق کرده است"

پا بپای من
تدابیرم را
آب میکند
و
ضربانهایم را
جاریِ است
در بوی اطلسیها
و
اشتهای باغ
در او
گم میشوم
و او
در گامهایم
صدایم میکند
"آئینه ات چه میبیند؟"

همپایانِ مست من
بر بالهای نور
آمده اند
با دستهایشان
نور افشان
و نگاهشان
نور
خاکسترهایم را

برباد
میدهند
و
برآب.
نگاهم
بر آب
تفحصی
دارد
در هر
جنبشِ
برگهایِ
آب
چهره ایست
از من!

از
ذره پاشانِ
بی منزل
که در خانهٔ خونم
جریانِ
ساکن اند
و
من
آرام
از گوشهٔ خونم
بآن محفل پریشان
میروم.
صدای خاک
میآید.

به یارانِ سرمستِ پریشانم

پانوشت ها

آشاوهیشتا: راستی جهانی، اردیبهشت

ارته باز: از نامهای تاریخ کهن. در برخی اشارات، فرمانده سپاه دارا. وی شجاعانه در جنگ آربِل- جنگید.

بسوس (بشوش): ساتراپ باختر و خویشاوند دارا. اشاراتی است به او بعنوان کسی که به دارا خیانت کرد و به او زخم کشنده ای زد.

دارا: داریوش سوم هخامنشی

مَرشَئون: دیو فراموشی

ناهید: آناهیتا. ایزدبانوی آبها